Das verbastelbare Weihnachtsbuch

Merry Christmas

Papierdesigns zum Ausschneiden, Verbasteln und Dekorieren

Inhalt

Filigrane Schneeflocke 17	Fold & Cut Tannenbaum 49
Blumenanhänger 19	Wimpelgirlande 53
Faltornamente 21	Tannenbaum-Klappkarte 55
Kleine Papierschleifen 25	Sternblumen 57
Kleine 3-D-Sterne 27	Stecktannenbäume 59
Retro-Girlande 29	Sternkarten 61
Süße Weihnachtskugel 33	Eleganter Flechtstern 63
2in1: Baumschmuck & Geschenkverpackung 35	Knallbonbon-Geschenkverpackungen 65
Moderner Weihnachtsengel 37	Weihnachtsgruß im Umschlag 69
Festliche Geschenkanhänger 39	Kleine Geschenkbox 71
Papierherzen 41	Motivkarten zum Aufstellen 73
Sternkugel 43	Großer 3-D-Stern 75
Schneeflocken-Teelichtkegel 45	Postkarten 77
Kleiner Briefumschlag 47	

Die hübsche Wimpelgirlande kannst du auf S. 51 ausschneiden.

Weihnachtszeit aus Papier

Lebkuchenaroma, Kerzenlicht und Weihnachtsmusik – kaum eine Jahreszeit weckt so wohlig-warme Erinnerungen und zaubert so einzigartige Momente wie Weihnachten. Selbstgebastelte Weihnachtsdeko für dein Zuhause gehen Hand in Hand mit köstlichen selbstgebackenen Plätzchen und sind einfach ideal, um dich zusammen mit deinen Liebsten auf die besinnlichste Zeit des Jahres einzustimmen. Ob als Geschenk für besondere Menschen oder zur Verschönerung deiner eigenen vier Wände, dieses Verbastelbuch gibt dir die Möglichkeit, ganz einfach und mit wenig Aufwand zauberhafte Papierdekorationen zu erschaffen, liebevolle Weihnachtsgrüße zu verschicken und kleine Aufmerksamkeiten besonders hübsch zu verpacken.

Für die liebevoll gestalteten Bastelbögen habe ich trendig-moderne Papierdesigns in tollen Kontrastfarben ausgewählt, die dein Zuhause in ein weihnachtliches Winterwunderland verwandeln werden. Entdecke auf den kommenden Seiten fantastische Weihnachtssterne, praktische Geschenkverpackungen und -anhänger oder stimmungsvolle Grußkarten – hier findest du für jeden Weihnachtsmoment das passende Projekt. Lass dich von den vielfältigen Motiven inspirieren, schnapp dir eine Schere und etwas Bastelkleber und stimme dich auf die schönste Zeit des Jahres ein!

Ich wünsche dir viel Freude beim Basteln und ein frohes Weihnachtsfest!

Louise Lindgrün

Materialien & Hilfsmittel

Für die meisten Modelle brauchst du lediglich eine **Schere** und etwas **Bastelkleber** oder, um dir die Arbeit noch einfacher zu machen, **doppelseitiges Klebeband**. Außerdem solltest du dir eine **Nähnadel** und **Faden** bereit legen, damit du deinen selbstgebastelten Baumschmuck und die Girlanden gebührend präsentieren kannst!

Für optimale Ergebnisse empfehle ich dir außerdem folgende Materialien und Hilfsmittel:

Cuttermesser und eine **Schneideunterlage:** damit kannst du den Teelichtkegel auf S. 45 oder die Knallbonbons auf S. 65 einfach und genau zurecht schneiden.

Eine **Präzisionsschere** für Details, beispielsweise für die Ornamente auf S. 21 oder die Retro-Girlande auf S. 29.

Schöne **Schleifenbänder,** um Baumschmuck, Anhänger und Geschenkverpackungen zu verzieren.

Büro- oder **Wäscheklammern**, um einige Modelle optimal in Form zu halten, während der Kleber trocknet. Das ist besonders hilfreich für den Flechtstern auf S. 63 und die Sternblumen auf S. 57.

Die Sternkugel kannst du auf S. 43 verbasteln.

Blumenanhänger & Sternkugel

**SCHERE • DOPPELSEITIGES KLEBEBAND
NADEL & FADEN**

1 Schneide die 12 Vorlagen entlang der weißen Linie aus und falte die Halbkreise/Zacken entlang der gestrichelten Linie nach außen.

2 Nun versiehst du die Halbkreise/Zacken auf der Rückseite mit doppelseitigem Klebeband und klebst sie nach und nach aufeinander: so schließt du die Kugeln!

3 Durchsteche eine/n der Halbkreise/Zacken mit Nadel und Faden, den du zu einer Schlaufe knotest.

Den Anhänger aus kleinen Papierblumen findest du auf S. 19.

2IN1
Baumschmuck & Geschenkverpackung

**BASTELKLEBER • LINEAL • CUTTER &
SCHNEIDEUNTERLAGE • NADEL & FADEN**

1 Schneide alle Vorlagen entlang der durchgezogenen Außenlinien aus und falze die daraus entstandenen Elemente an den gestrichelten Linien nach innen. Verklebe die beiden Hauptelemente an Klebestelle 1.

2 Nun schließt du die Lücken mit den kleinen, seitlichen Klebestellen 2.

3 Verschließe den Boden, indem du das Sechseck von unten in die Christbaumkugel klebst. Achte darauf, dass du die Klebestellen 3 auf der Innenseite festklebst!

4 Wenn du die Kugel auch als Verpackung verwenden möchtest, verstecke nun ein kleines Geschenk darin. Befestige außerdem mit Nadel und Faden eine Schlaufe zum Aufhängen in der Mitte des Deckels.

5 Klebe den Deckel fest!

Auf S. 35 kannst du diesen praktischen Baumschmuck verbasteln, der auch als Geschenkverpackung dienen kann.

Großer 3-D-Stern

**SCHERE • DOPPELSEITIGES KLEBEBAND
BAND ZUM AUFHÄNGEN**

1 Schneide die Vorlagen für die beiden Sternmodule entlang der Außenlinien aus.

2 Nun falzt du die gestrichelten Linien beider Module vor. Entlang der kurz gestrichelten Linien falzt du die Module nach innen, entlang der lang gestrichelten Linien falzt du nach außen.

3 Falte die Klebestellen nach innen und klebe auf jede Fläche ein Stück doppelseitiges Klebeband. Darauf klebst du bündig das andere Sternmodul und drückst die beiden Module an den Klebestellen fest zusammen. Denk daran, bei diesem Schritt ein Band zum Aufhängen einzukleben!

4 Durch die Falzlinien kannst du deinen 3-D-Stern nun ganz einfach in Form bringen.

Den großen 3-D-Stern verbastelst du auf S. 75.

Kleine 3-D-Sterne

Die kleinen 3-D-Sterne gibt es auf S. 27.

SCHERE • BASTELKLEBER • BAND ZUM AUFHÄNGEN

1 Schneide die Sternvorlagen entlang der durchgezogenen Außenlinien aus. Die durchgezogene Linie rechts neben der Klebefläche schneidest du auch ein.

2 Falze die gestrichelten Linien nach innen, streiche die Klebefläche mit Kleber ein und klebe sie mit der rechten Sternspitze zusammen: Der Bauch deines Sterns wölbt sich nach außen.

3 Nun klebst du immer 2 gleich große Sterne an den Innenseiten der Sternspitzen bündig aufeinander. Klebe dabei auch ein Band zum Aufhängen ein.

Retro-Girlande

**CUTTER & SCHNEIDEUNTERLAGE • BASTELKLEBER
FADEN ZUM AUFHÄNGEN**

1 Schneide alle Vorlagen mit einem Cutter entlang der durchgezogenen Linien aus. Wenn du besonders vorsichtig bei den Innenteilen vorgehst, kannst du auch diese für deine Girlande verwenden.

2 Nun faltest du alle Vorlagen entlang der gestrichelten Linien zur Hälfte und klebst die passenden Elemente an den gefalzten Hälften zusammen. Achtung! Lasse die letzte Seite offen, um alle Elemente der Girlande an dem Band aufzureihen, nachdem du sie vorbereitet hast.

3 Arrangiere die Elemente nach deinem Belieben an dem Band und verklebe nun die letzten Hälften. Damit deine Retro-Ornamente besser zusammenhalten, fixiere das Papier mit Büroklammern aneinander während der Kleber trocknet.

4 Jetzt kannst du deine Girlande senkrecht aufhängen.

Auf S. 29 verbastelst du diese hübsche Girlande aus Retro-Ornamenten.

Moderner Weihnachtsengel

SCHERE • BASTELKLEBER • BAND ZUM AUFHÄNGEN

1 Schneide die Vorlagen entlang der weißen Außenlinien aus.

2 Nun klebst du die Flügel des Engels rechts und links an die obere Hälfte des Körpers. Den Heiligenschein klebst du am schmalen Ende des Körpers fest.

3 Wenn der Kleber getrocknet ist, klebst du beide Körperhälften bündig an den Rückseiten aufeinander. Danach klebst du noch das Kopf-Element auf beiden Seiten über dem schmalen Ende und innerhalb des Heiligenscheins fest.

4 Ziehe ein Band zum Aufhängen durch den Heiligenschein und knote es zur Schlaufe.

Den Weihnachtsengel kannst du auf S. 37 ausschneiden und verbasteln.

Die zwei Papierherzen findest du auf S. 41.

Papierherzen

SCHERE • BASTELKLEBER • BÜRO- ODER WÄSCHEKLAMMERN • BAND ZUM AUFHÄNGEN

1 Schneide die Papierstreifen entlang der durchgezogenen Linien aus. Pro Herz brauchst du zwei lange und zwei kurze Papierstreifen.

2 Klebe die Enden der kurzen Papierstreifen mit einem Tropfen Bastelkleber bündig zu Schlaufen zusammen und fixiere sie mit Klammern. Du hast nun vier kleine Papierschlaufen.

3 Sobald der Kleber getrocknet ist kannst du die Klammer entfernen. Nun klebst du die längeren Papierstreifen auf die gleiche Weise über die kleinen Schlaufen und fixierst auch diese mit Bastelkleber und einer Klammer, um vier Doppelschlaufen zu erhalten.

4 Zum Schluss klebst du je zwei der Doppelschlaufen zu Herzen zusammen und fixierst auch diese zum Trocknen mit einer Klammer. Wenn der Kleber trocken ist, kannst du die Klammern entfernen und die Herzen mit dem Band aufhängen.

Knallbonbon-Geschenkverpackungen

**CUTTER & SCHNEIDEUNTERLAGE • LINEAL
DOPPELSEITIGES KLEBEBAND • GESCHENKBAND**

1 Schneide die Vorlagen entlang der durchgezogenen Außenlinien mithilfe des Lineals und des Cutters aus. Achte darauf, auch die rautenförmigen Zwischenräume auszuschneiden!

2 Nun falzt du die beiden Knallbonbons an den gestrichelten Falzlinien nach innen und verschließt sie mit einem Streifen doppelseitigem Klebeband an der Klebefläche.

3 Verschließe die Knallbonbons mit einem hübschen Geschenkband auf einer Seite, befülle sie mit kleinen Geschenken und Überraschungen und verschließe danach auch die andere Seite!

Diese Knallbonbons knallen zwar nicht wirklich so wie ihre britischen Vorbilder, als kreative und außergewöhnliche Geschenkverpackungen werden sie aber einige Blicke auf sich ziehen!

Die Vorlagen für die Knallbonbons gibt es auf S. 65.

Kleine Geschenkbox

BASTELKLEBER • SCHERE

1 Schneide die Vorlage entlang der durchgezogenen Außenlinie aus und falze sie an allen gestrichelten Linien nach innen.

2 Gibt etwas Bastelkleber auf die Außenseiten der Klebestellen und klebe sie auf der Innenseite der Geschenkbox bündig fest.

3 Sobald der Kleber getrocknet ist, kannst du die Box mit liebevollen kleinen Überraschungen füllen und die Laschen nach innen klappen und überlappen, so halten sie ganz von selbst!

Die praktische kleine Geschenkbox findest du auf S. 71.

Der Tannenbaum auf S. 49 ist blitzschnell ausgeschnitten und ein echter Blickfang!

Fold & Cut-Tannenbaum

SCHERE • BAND ZUM AUFHÄNGEN

1 Trenne das Blatt heraus und falte es entlang der gestrichelten Linie nach außen zur Hälfte.

2 Jetzt schneidest du die Silhouette des Tannenbaums aus – da du das Blatt zusammengefaltet lässt, entsteht direkt ein vollständiger Tannenbaum.

3 Schneide die waagerechten Linien auf dem Tannenbaum ein und falte den Baum wieder auf. Die so entstandenen Streifen knickst du abwechselnd nach innen und nach außen.

4 Hänge deinen den Baum an einem Band ins Fenster oder verwende ihn als Baumschmuck.

Sternblumen

**SCHERE • BASTELKLEBER
BÜRO- ODER WÄSCHEKLAMMERN
BAND ZUM AUFHÄNGEN**

1 Schneide die Streifen an den Schneidelinien aus und klebe jeden Papierstreifen zu Hörnchen, indem du die Spitzen bündig übereinander legst (s. Schrittskizzen). Fixiere die Hörnchen mit Klammern und lasse den Kleber trocknen.

2 Jetzt klebst du pro Sternblume jeweils sieben gleich große Hörnchen an den Seiten aneinander, die Spitzen zeigen dabei nach außen. Auch hier hilft es, die Hörnchen mit Klammern aneinander zu befestigen, damit die Sternblumen in der optimalen Form trocknen!

3 Sobald der Kleber getrocknet ist, entfernst du die Klammern und hängst die Sternblumen mithilfe des Bands auf. Du kannst die beiden Blumen auch kombinieren, indem du die kleine Blume mittig auf die Rückseite der großen Blume klebst.

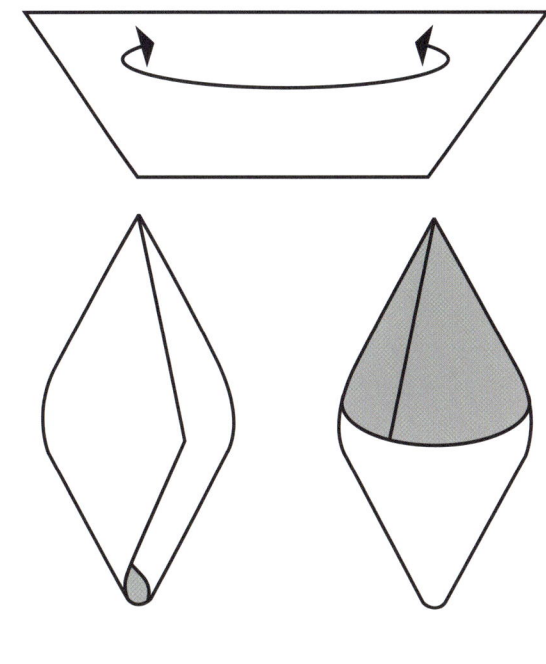

Auf S. 57 findest du gleich zwei dieser hübschen Sternblumen.

Tolle Motivkarten zum Aufstellen kannst du auf S. 61 und S. 73 verbasteln.

Motivkarten-Aufsteller

CUTTER & SCHNEIDEUNTERLAGE • LINEAL

1 Schneide die Motivkarten mithilfe des Lineals auf der Schneideunterlage entlang der Außenlinien aus. Nun schneidest du entlang der Außenlinien der Motive. Die schraffierten Bereichen werden ausgeschnitten. Bei dem Sternmotiv wird die Sternspitze bis zur Mitte der Karte eingeschnitten.

2 Falte die Karten entlang der gestrichelten Linien nach außen. Achte dabei darauf, dass du die Motivspitzen nicht faltest.

3 Schreibe liebe Weihnachtsgrüße in die Karten!

Weihnachtsgruß im Umschlag

SCHERE

1 Schneide die Vorlage entlang der Außenlinien aus.

2 Falze Umschlagklappen entlang der gestrichelten Linien nach innen.

3 Du verschließt den Umschlag, in dem du die Rundungen nacheinander überlappst und zusammenschiebst.

Den kleinen Grußkartenumschlag findest du auf S. 69.

Filigrane Ornamente

**(PRÄZISIONS-)SCHERE • BASTELKLEBER
BÜRO- ODER WÄSCHEKLAMMERN
BAND ZUM AUFHÄNGEN**

1 Schneide alle Vorlagen aus und falte sie entlang der gestrichelten Linie zur Hälfte, sodass das Papierdesign innen liegt. Lege dir jeweils acht der ausgeschnittenen Vorlagen pro Aufhänger zurecht.

2 Nun klebst du die einfarbigen Hälften der Vorlagen nach und nach bündig aufeinander – damit das Papier sich nicht voneinander löst, kannst du es mit Büro- oder Wäscheklammern fixieren, während der Kleber trocknet.

3 Bevor du die letzten Hälften schließt, knote das Band zu einer Schlaufe und klebe es in der Mitte deiner Ornamente fest.

Auf S. 21 findest du Vorlagen für zwei filigrane Ornamente.

Die süße Weihnachtskugel bastelst du ganz schnell und einfach auf S. 33.

Die beiden Stecktannenbäume schneidest du auf S. 59 aus.

Die filigrane Schneeflocke kannst du auf S. 17 ausschneiden.

Dieser sagenhafte Flechtstern ist einfacher, als er aussieht. Verbastle ihn auf S. 63.

Den praktischen kleinen Briefumschlag hast du auf S. 47. ganz schnell verbastelt.

Auf S. 25. kannst du kleine Papierschleifen zur Verschönerung deiner Geschenke basteln.

Den Teelichtkegel findest du auf S. 45.

Die Tannenbaum-Klappkarte kannst du auf S. 55 ausschneiden.

Filigrane Schneeflocke

SCHERE

1 Schneide die Vorlage entlang der weißen Außenlinie aus und falte das Blatt entlang der diagonal gestrichelten Linie von Spitze zu Spitze. Das vorgezeichnete Motiv muss dabei oben liegen.

2 Nun faltest du die Spitze auf der rechten Seite des Dreiecks entlang der linken gestrichelten Linie nach oben, drehst das gefaltete Blatt, sodass das vorgezeichnete Schneeflocken-Muster unten liegt, und faltest die rechts liegende Spitze nach links oben.

3 Falte das Dreieck in der Mitte, sodass das Motiv an der rechten geschlossenen Seite liegt, schneide entlang der durchgezogenen Außenlinie die Schneeflocke aus, und falte sie wieder auf.

4 Klebe die Schneeflocke in ein Fenster oder hänge sie mit Nadel und Faden an deinen Weihnachtsbaum.

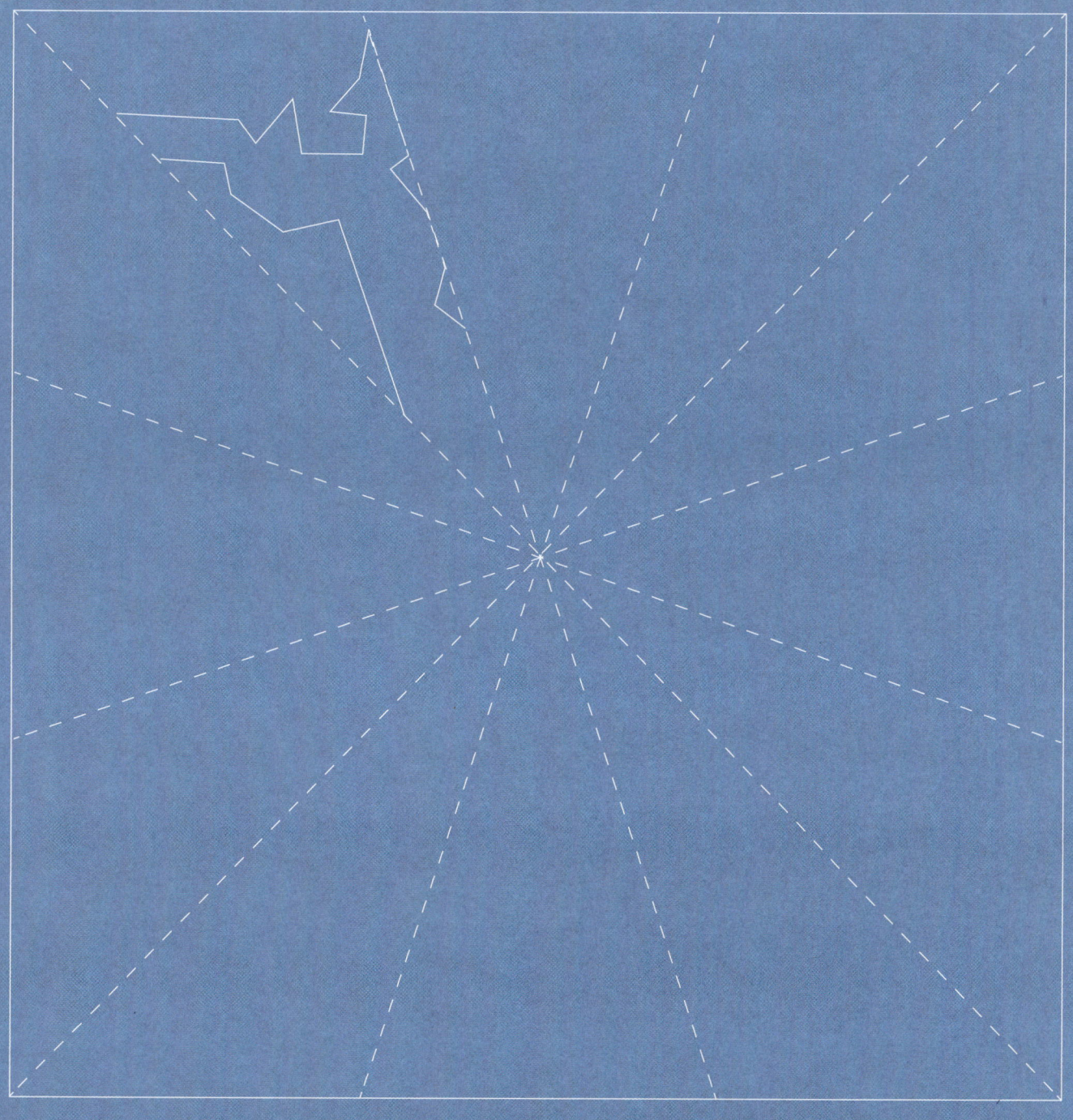

Blumenanhänger

Die Anleitung findest du auf S. 5.

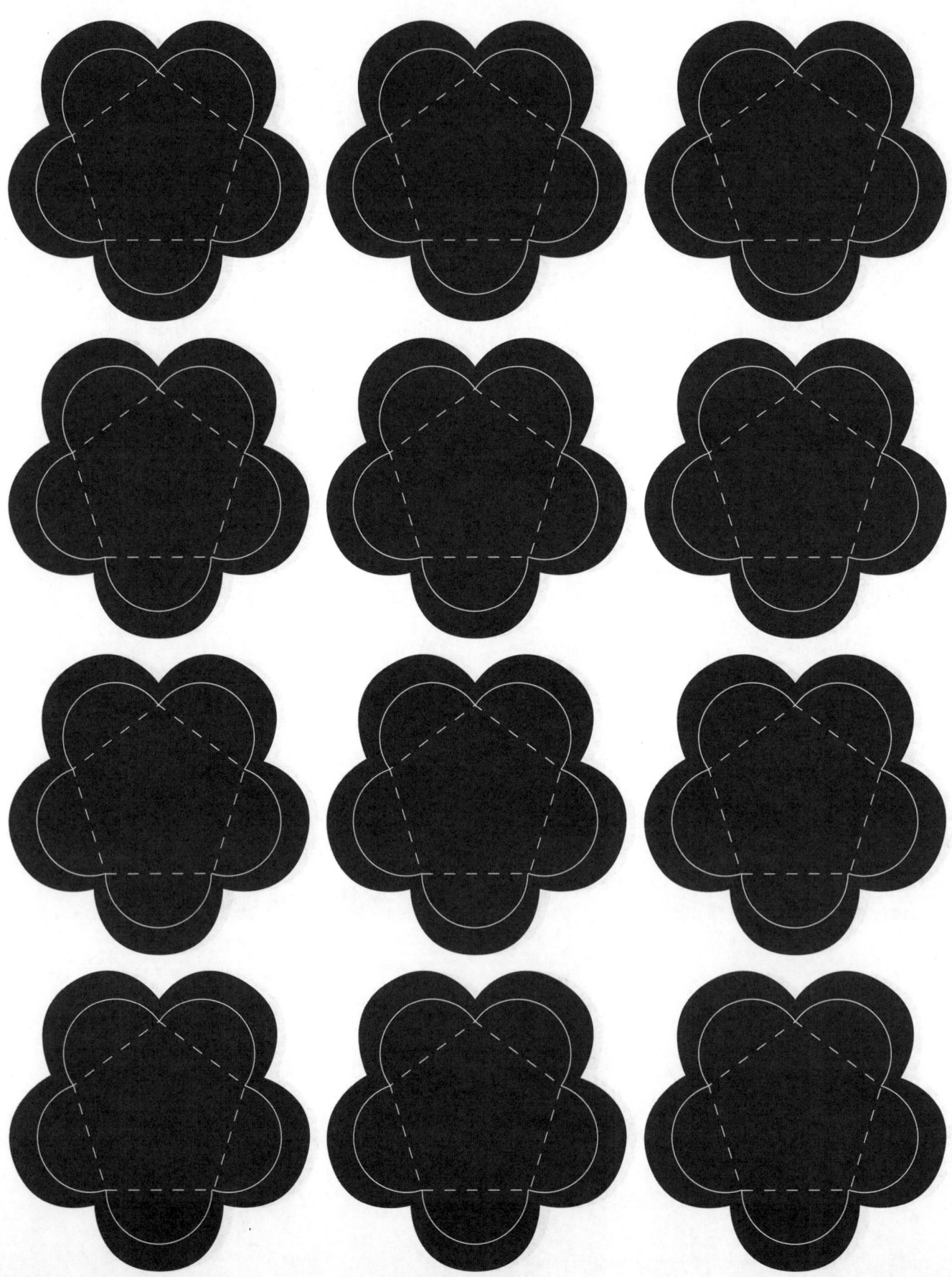

Falt-orna-mente

Die Anleitung findest du auf S. 13.

Süße Papierschleifen

SCHERE • BASTELKLEBER

1 Schneide die Vorlagen aus.

2 Biege die beiden äußeren Enden von Vorlage 1 nach hinten und klebe sie bündig auf die Rückseite der Vorlage.

3 Nun umwickelst du die Mitte von Vorlage 1 mit dem Rechteck, dass du aus Vorlage 2 ausgeschnitten hast, und klebst dieses fest.

4 Zum Schluss klebst du das so entstandene Schleifenelement auf Vorlage 3!

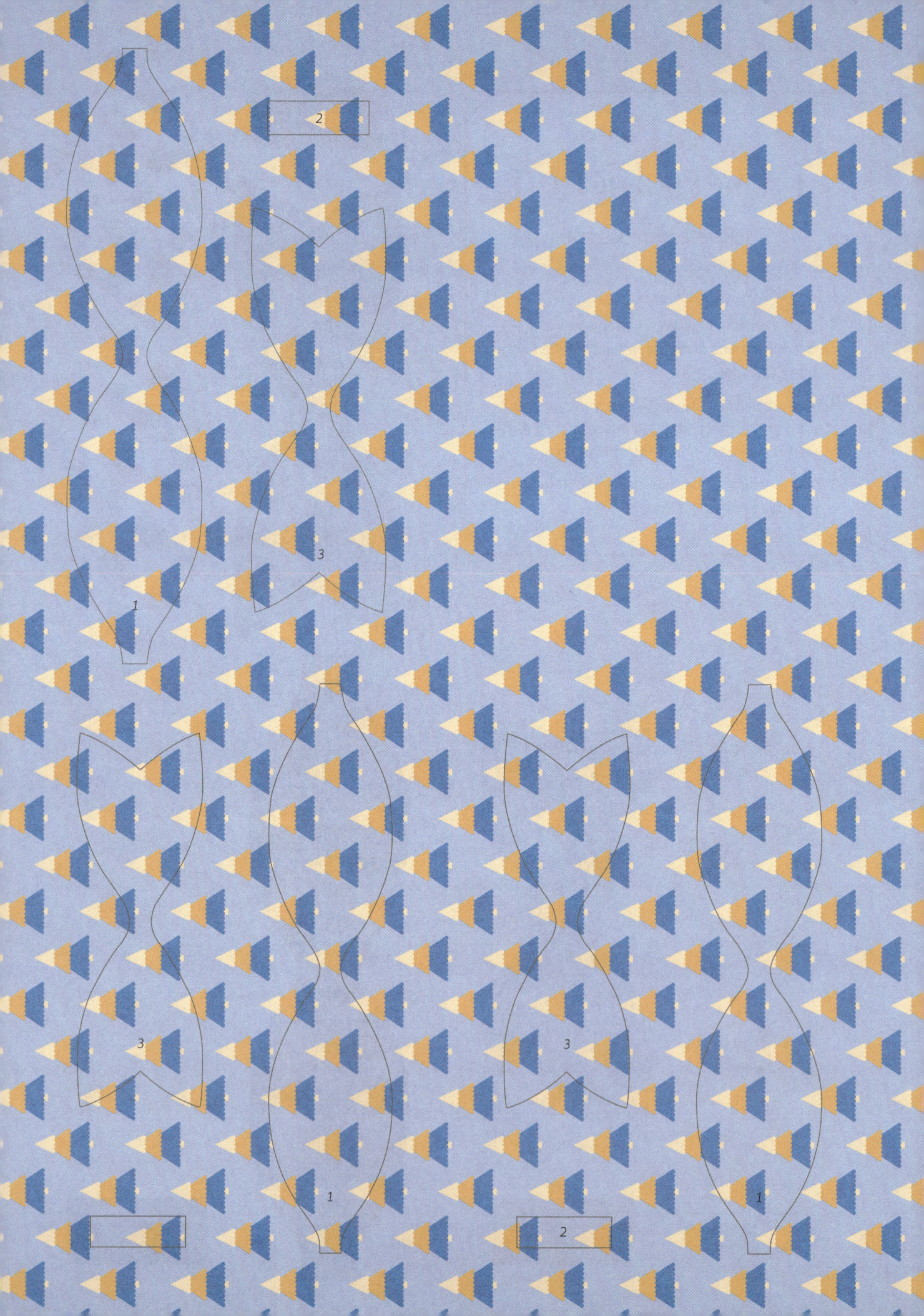

Kleine 3-D-Sterne

Die Anleitung findest du auf S. 6.

Retro-Girlande
Die Anleitung findest du auf S. 7.

Süße Weihnachtskugel

**PRÄZISIONSSCHERE
BÜROLOCHER • BASTELKLEBER
BAND ZUM AUFHÄNGEN**

1 Schneide die Vorlage entlang der Außenlinien aus und stanze die weiß gekennzeichneten Kreise mit einem Bürolocher aus.

2 Nun klebst du nach und nach alle oberen und unteren Kreise bündig aufeinander. Bevor du die letzten beiden Kreise der unteren, nicht-gelochten Seite miteinander verklebst, knotest du dein Schleifenband zu einer Schlaufe und fädelst es durch das Loch zur Aufhängung, sodass der Knoten in der Kugel verschwindet.

3 Verschließe deine Weihnachtskugel an der Unterseite und hänge sie in deinen Baum!

2IN1
Baumschmuck & Geschenkverpackung

Die Anleitung findest du auf S. 5.

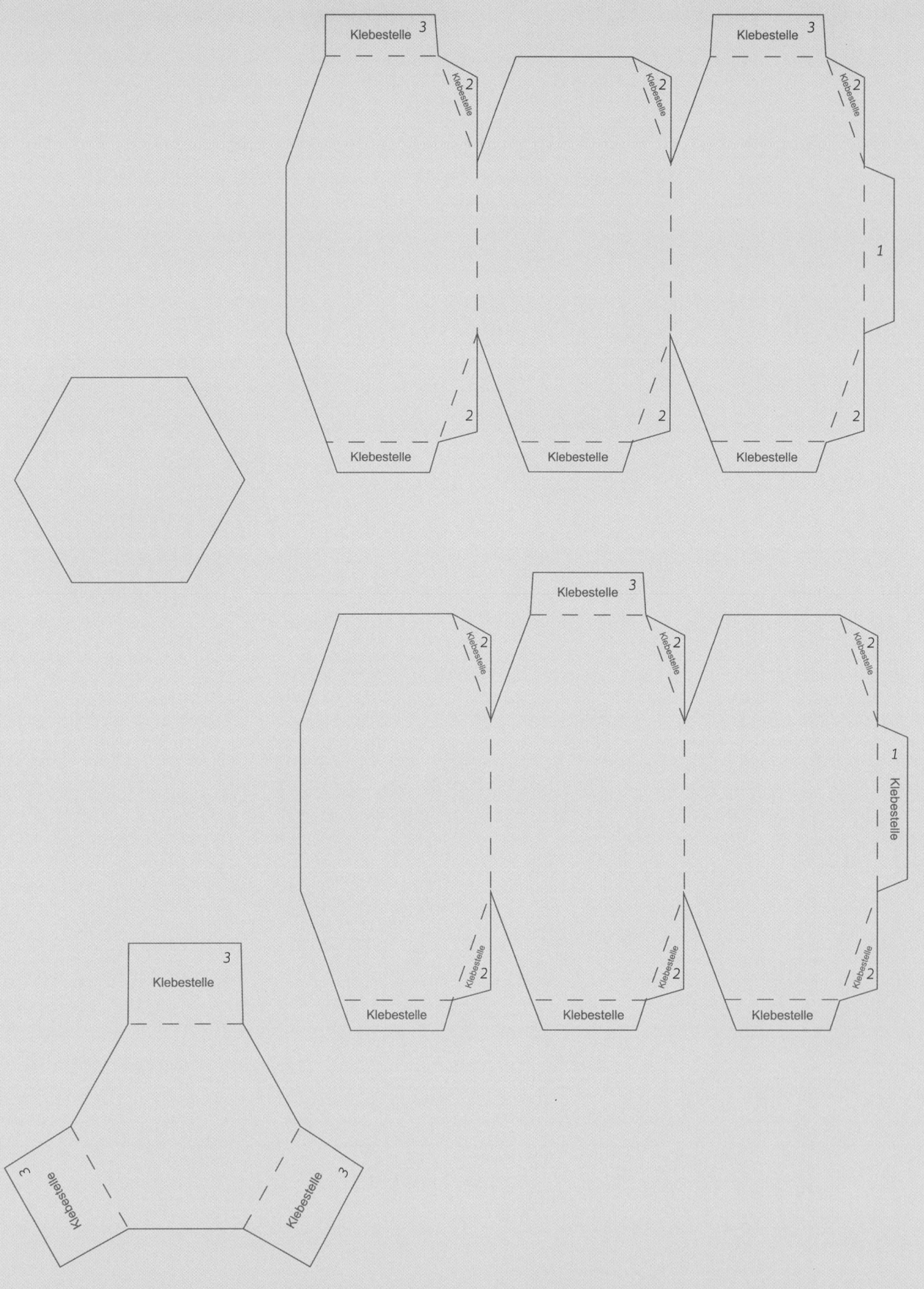

Moderner Weihnachtsengel

Die Anleitung findest du auf S. 7.

38

Festliche Geschenkanhänger

SCHERE • BÜROLOCHER • SCHLEIFENBAND

1 Schneide die Anhänger entlang der Außenlinien aus und stanze ein Loch in die vorgegebene Stelle.

2 Jetzt kannst du die Anhänger beschriften und mit einem hübschen Schleifenband an deinen Geschenken befestigen.

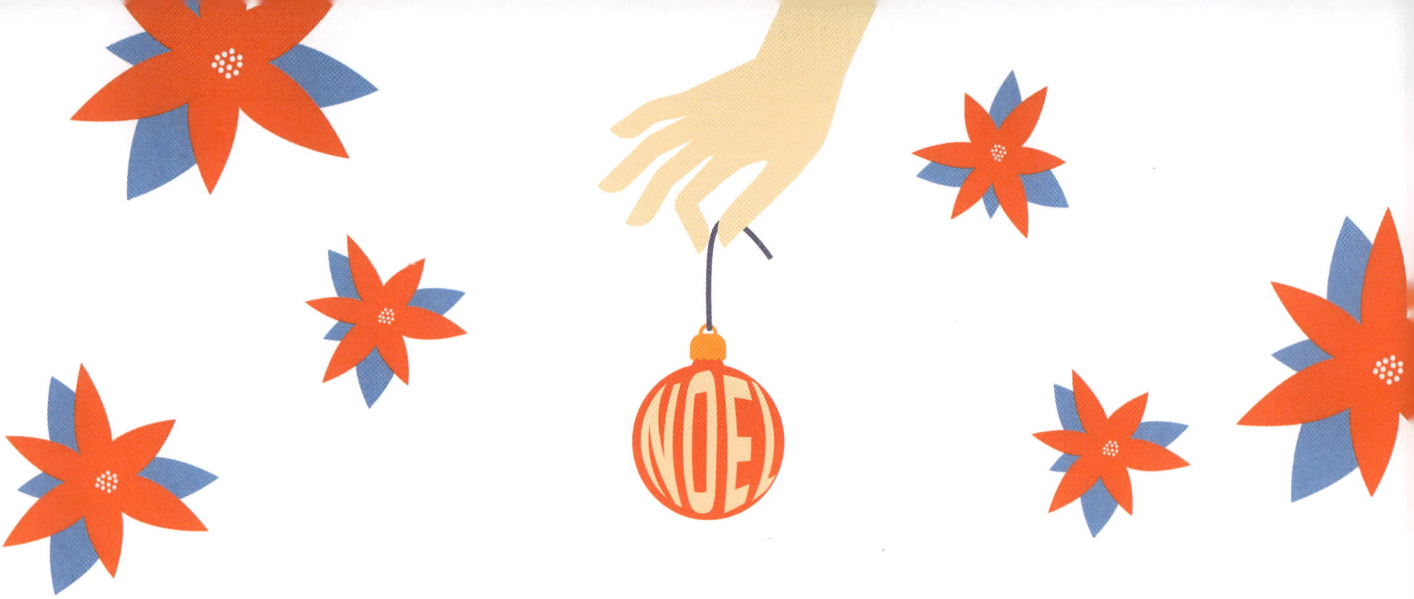
NOEL

Papierherzen

Die Anleitung findest du auf S. 8.

Kugelstern

Die Anleitung findest du auf S. 6.

44

Schneeflocken-Teelichtkegel

CUTTER & SCHNEIDEUNTERLAGE • LINEAL • BASTELKLEBER • LED-TEELICHT

1 Schneide die Vorlage entlang der Außenlinien aus.

2 Danach schneidest du vorsichtig mit dem Cutter entlang der weißen geschlossenen Linien der Schneeflocken und klappst diese entlang der gestrichelten Linien nach außen.

3 Nun klebst du den Kegel an der Klebestelle auf der Innenseite zusammen. Stelle ein LED-Teelicht unter den Kegel und bewundere das Lichtspiel!

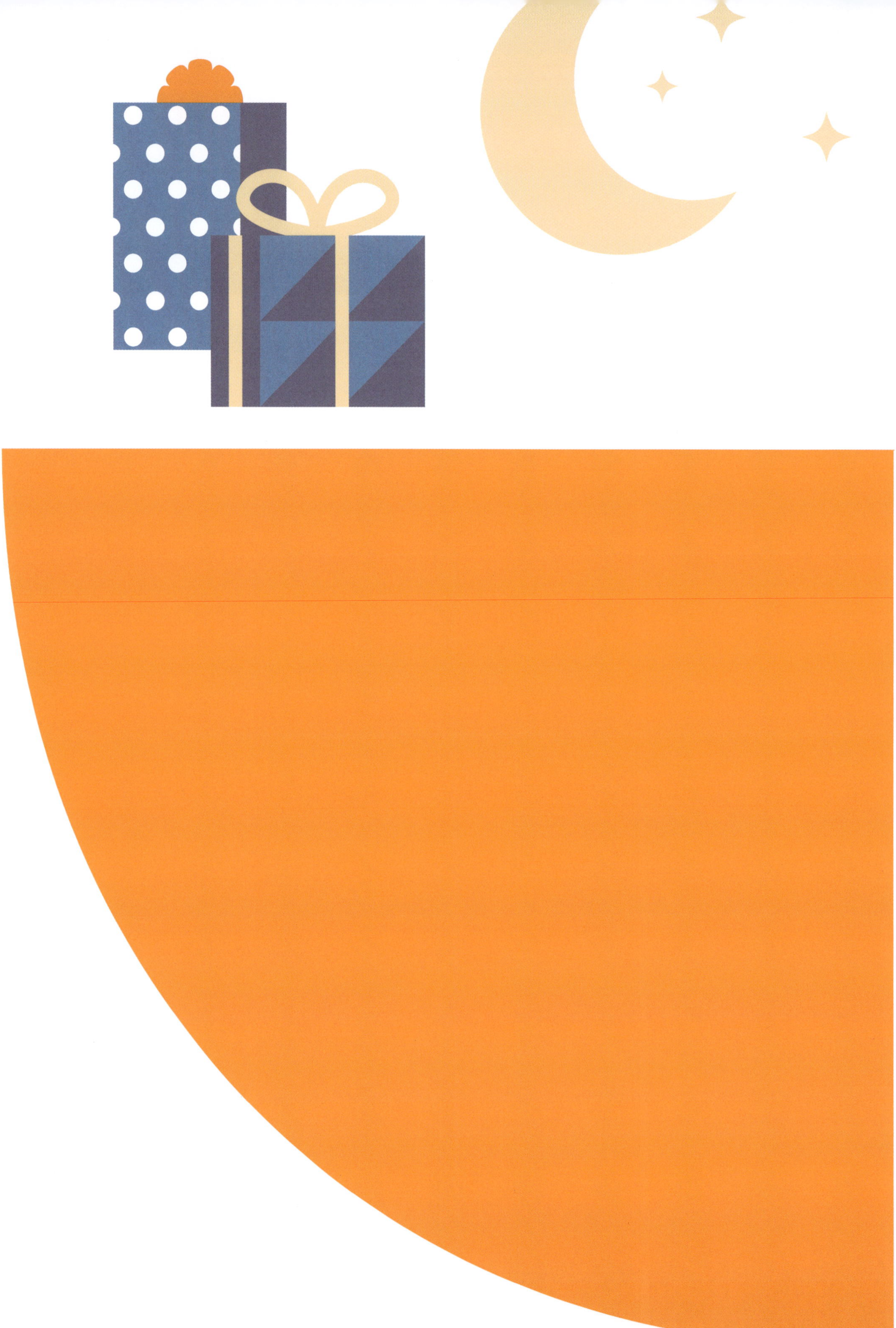

Kleine Weihnachtspost

SCHERE • BASTELKLEBER

1 Schneide die Vorlage entlang der durchgezogenen Linien aus und falte die Klebestellen und Laschen entlang der gestrichelten Linien nach innen.

2 Nun klebst du die große Lasche mit etwas Bastelkleber auf die schmalen Klebestellen.

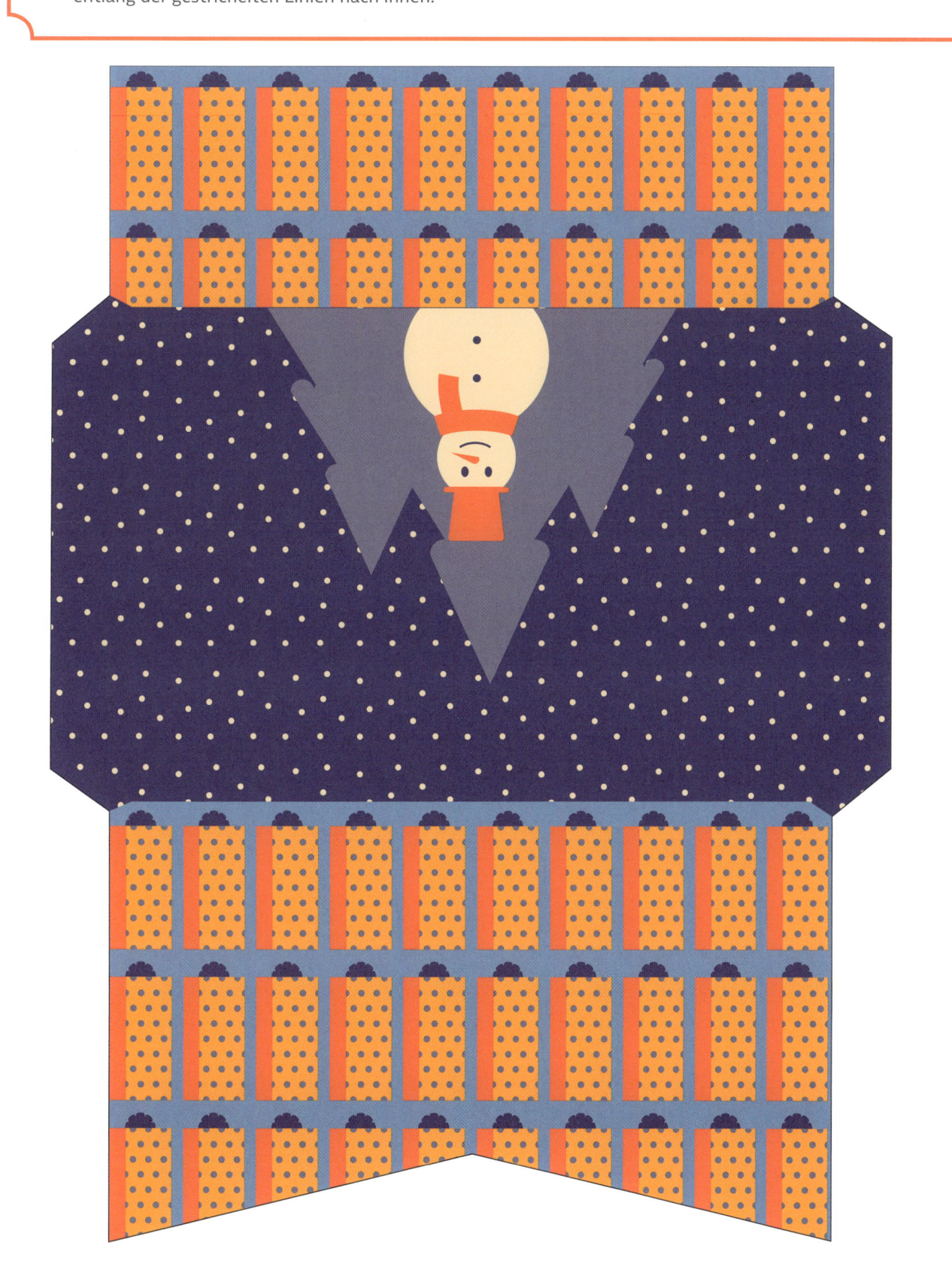

Fold & Cut-Tannenbaum

Die Anleitung findest du auf S. 10.

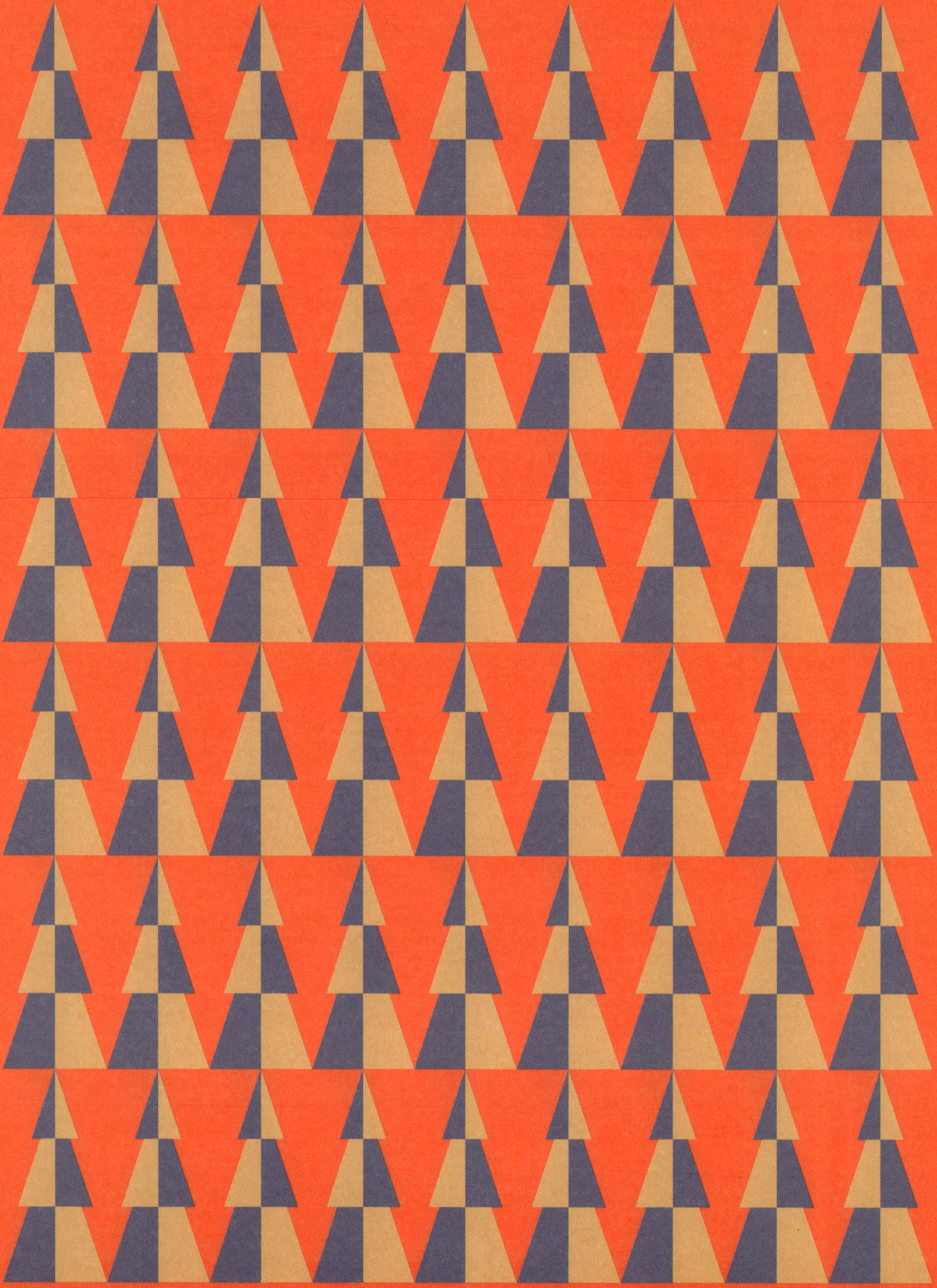

MERRY CHRISTMAS

Wimpelgirlande

SCHERE • NADEL & FADEN

1 Schneide alle Wimpel entlang der Umrisse aus und sortiere sie so, dass du „Merry Christmas" lesen kannst.

2 Mit der Nadel fädelst du den Faden durch die hell markierten Kreise. Du kannst die beiden Worte entweder an einem einzigen Band oder an zwei Bändern übereinander aufhängen.

Tannenbaum-Klappkarte

**SCHERE •
SCHLEIFENBAND, 30 CM LANG**

1 Schneide die Karte entlang der Außenlinie aus und falte die äußeren gestrichelten Linien der Karte nach außen. Entlang der beiden inneren gestrichelten Linien faltest du die Karte nach innen.

2 Nun schreibst du deine Weihnachtsbotschaft in das Innere der Karte und verschließt sie vorsichtig mit dem Schleifenband.

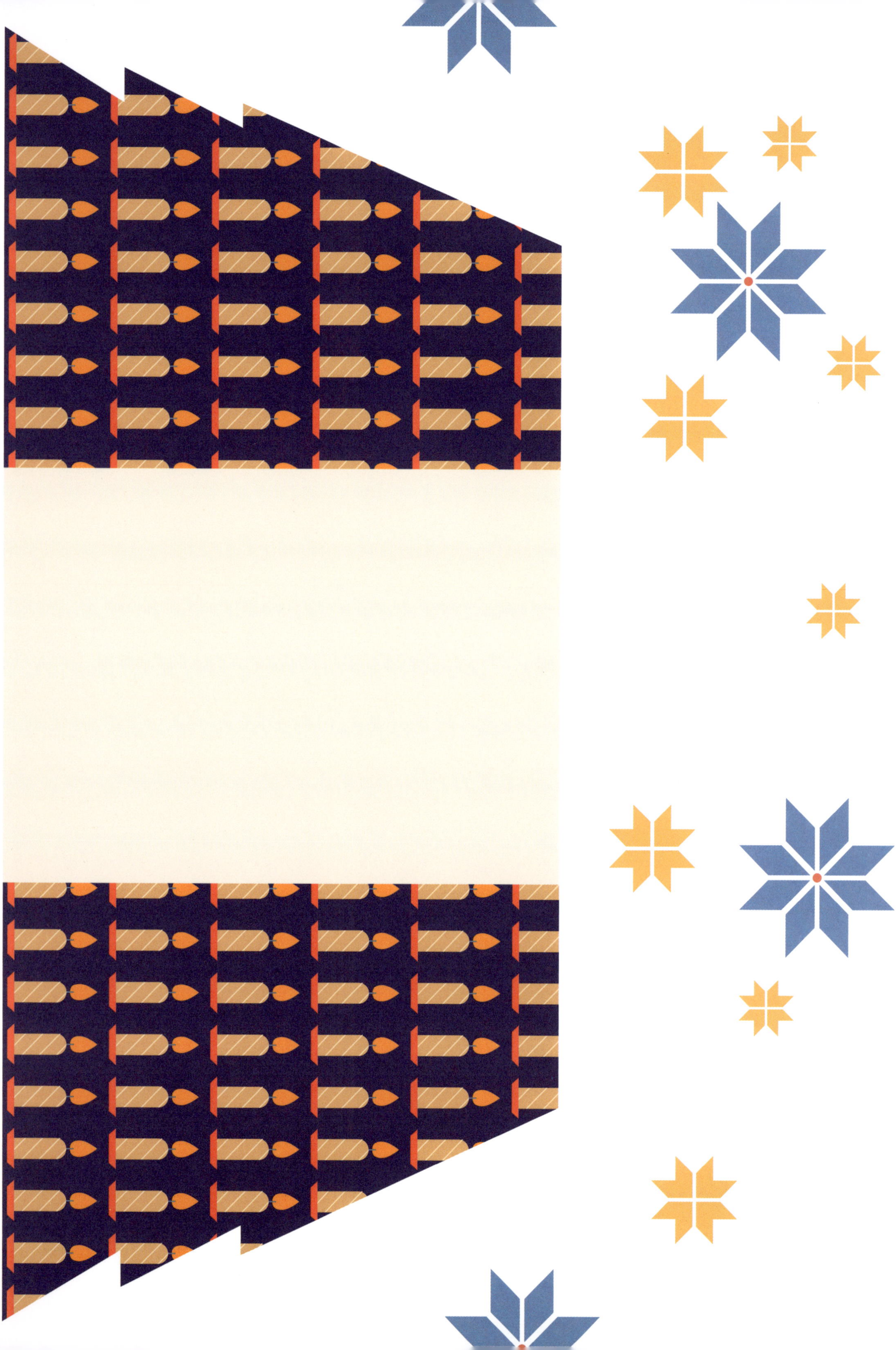

Sternblumen

Die Anleitung findest du auf S. 10.

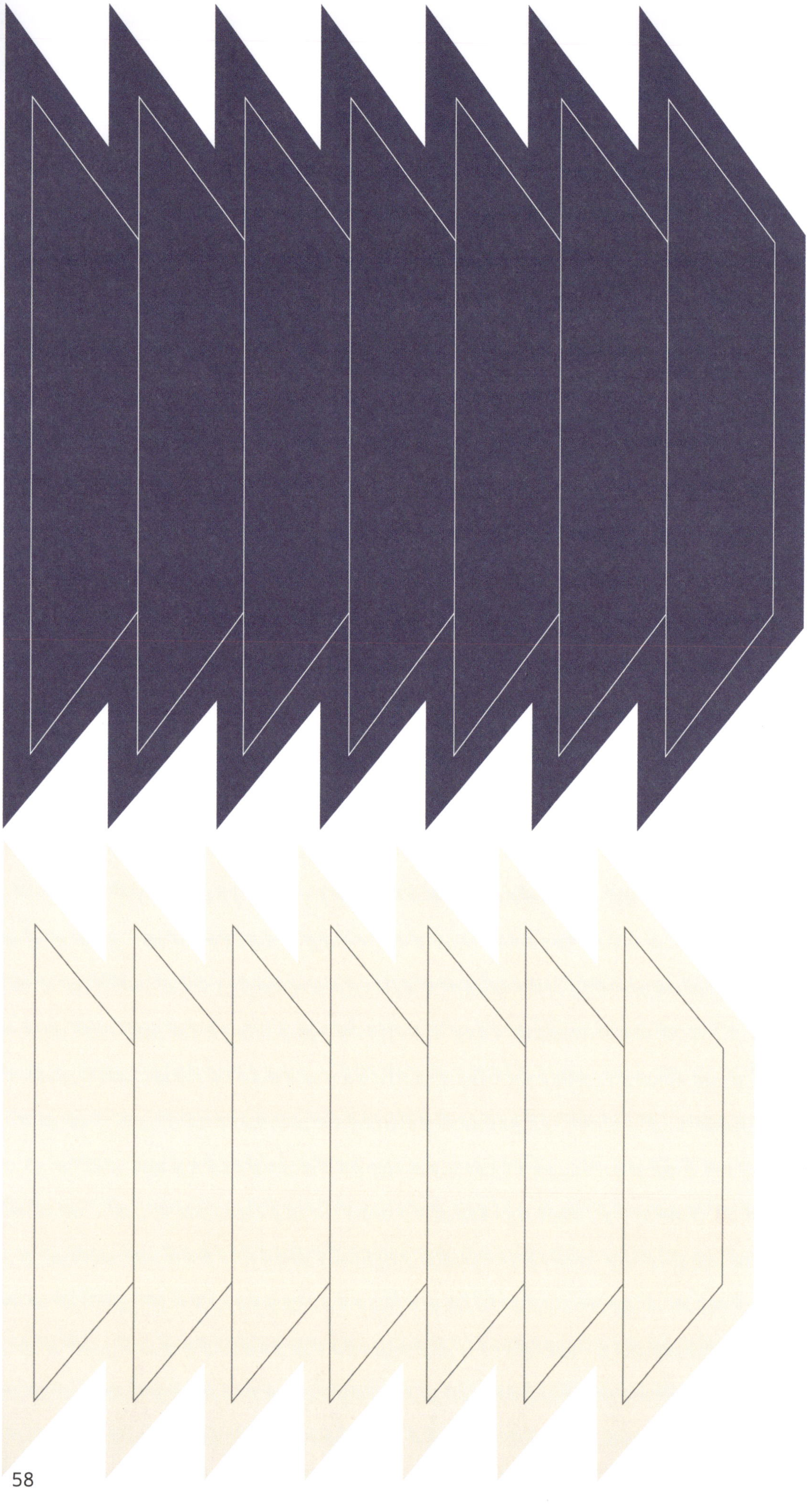

Stecktannenbäume

SCHERE

1 Schneide alle Tannenbäume entlang der Außenlinien aus und schneide die senkrechten Linien ebenfalls ein.

2 Stecke die Tannenelemente zu 2 Bäumchen zusammen!

60

Sternkarten
Die Anleitung findest du auf S. 12.

62

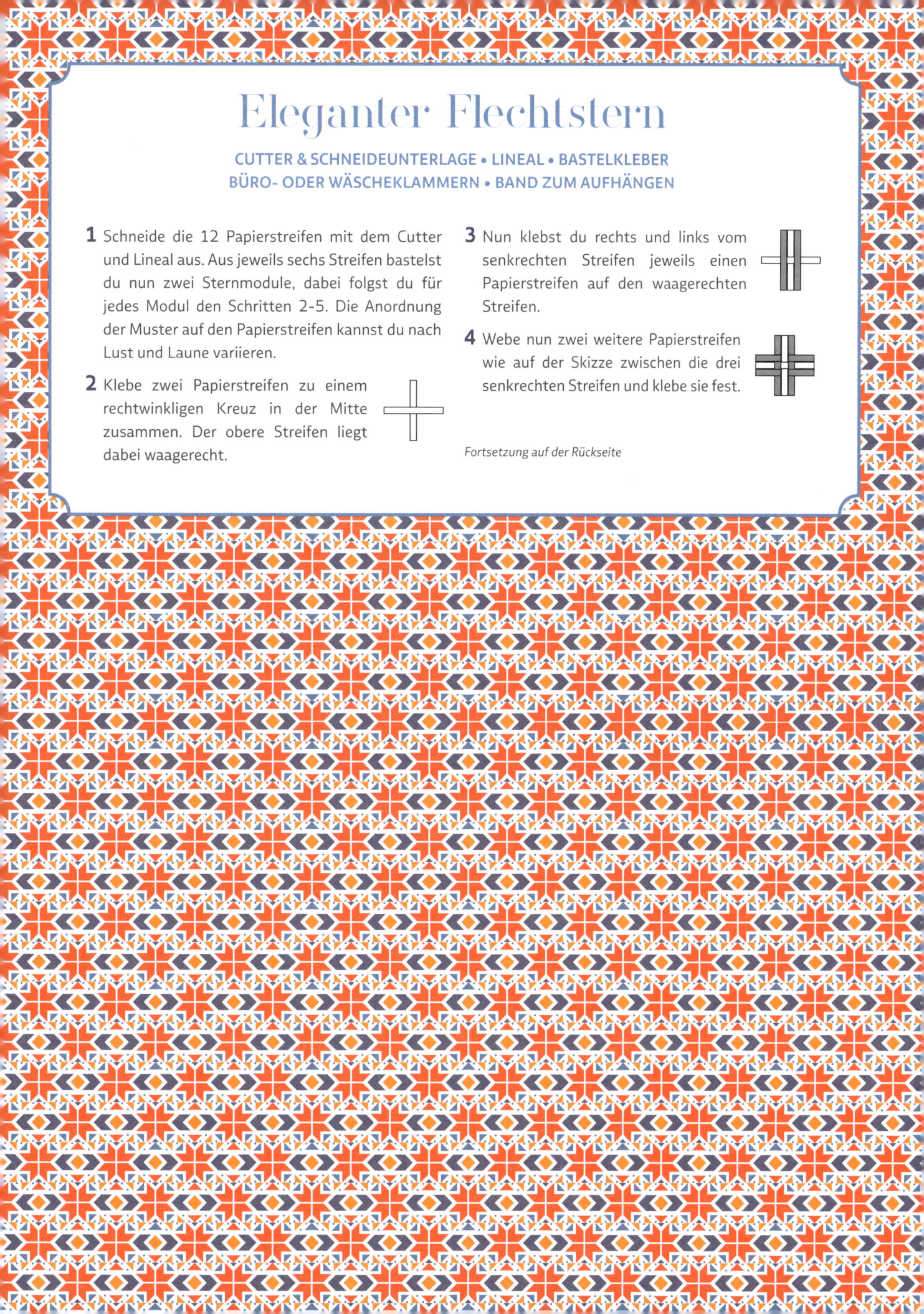

Eleganter Flechtstern

CUTTER & SCHNEIDEUNTERLAGE • LINEAL • BASTELKLEBER
BÜRO- ODER WÄSCHEKLAMMERN • BAND ZUM AUFHÄNGEN

1 Schneide die 12 Papierstreifen mit dem Cutter und Lineal aus. Aus jeweils sechs Streifen bastelst du nun zwei Sternmodule, dabei folgst du für jedes Modul den Schritten 2-5. Die Anordnung der Muster auf den Papierstreifen kannst du nach Lust und Laune variieren.

2 Klebe zwei Papierstreifen zu einem rechtwinkligen Kreuz in der Mitte zusammen. Der obere Streifen liegt dabei waagerecht.

3 Nun klebst du rechts und links vom senkrechten Streifen jeweils einen Papierstreifen auf den waagerechten Streifen.

4 Webe nun zwei weitere Papierstreifen wie auf der Skizze zwischen die drei senkrechten Streifen und klebe sie fest.

Fortsetzung auf der Rückseite

5 Jetzt wölbst du immer jeweils zwei äußere Streifen nach hinten und klebst ihre Spitzen bündig aufeinander. Fixiere sie mit einer Klammer während der Kleber trocknet.

6 Nachdem der Kleber der zwei Sternmodule getrocknet ist, legst du ein Modul mit der Flechtseite nach unten und der Wölbung der Sternspitzen nach oben vor dich. Dann platzierst das andere Modul um 45° gedreht mit der Flechtseite nach oben und der Wölbung der Sternspitzen nach unten auf dem liegenden Modul. So entsteht ein Stern mit acht Spitzen.

7 Schiebe die 8 überstehenden mittleren Papierstreifen durch die Spitzen des gegenüberliegenden Sterns, klebe sie fest und fixiere sie mit Klammern. Sobald der Kleber getrocknet ist, kannst du die Sternspitzen ordentlich zurechtschneiden und deinen wunderschönen Flechtstern mithilfe des Bands aufhängen!

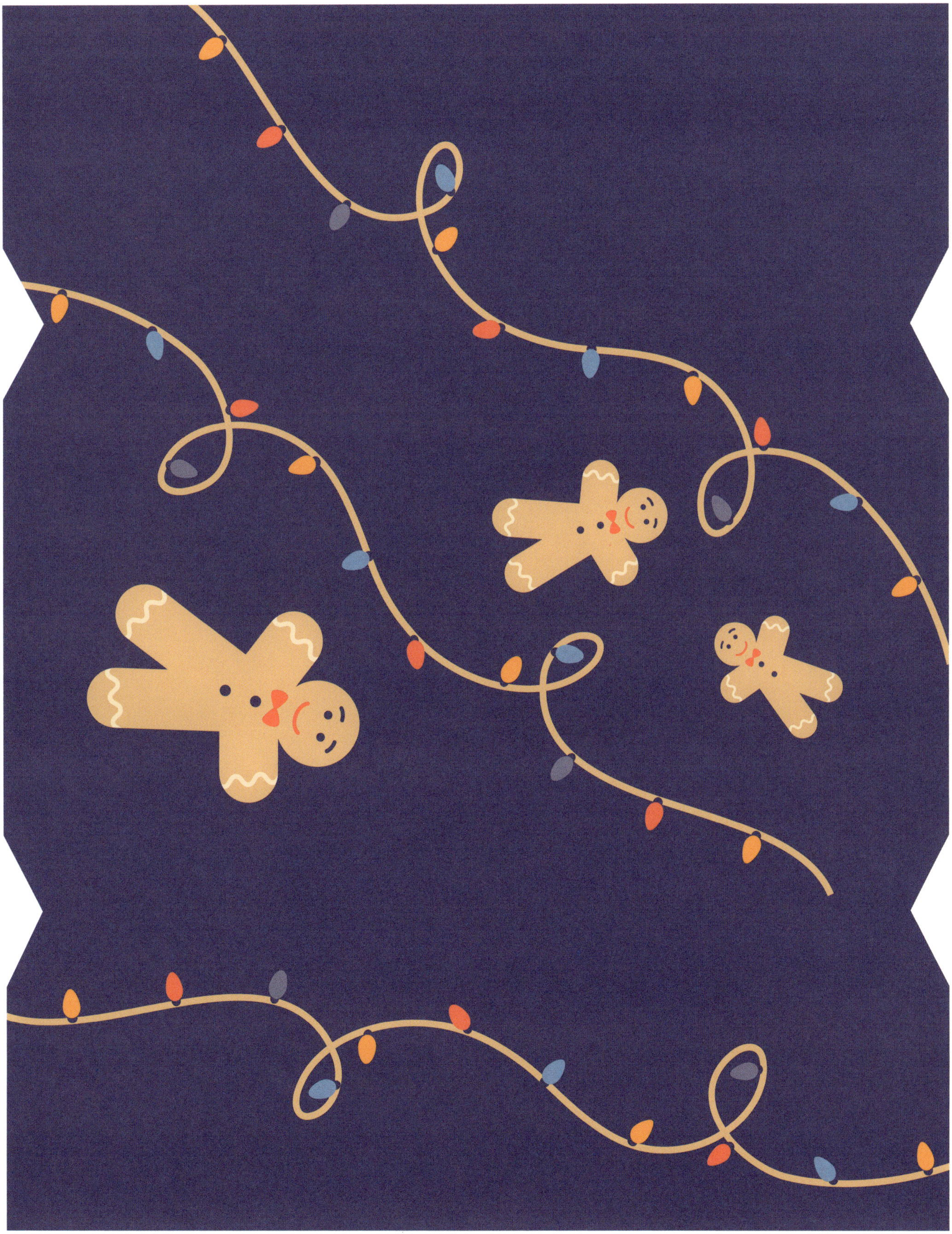

Knallbonbon-Geschenkverpackungen

Die Anleitung findest du auf S. 9.

Klebestelle

Klebestelle

Klebestelle

Klebestelle

Klebestelle

Klebestelle

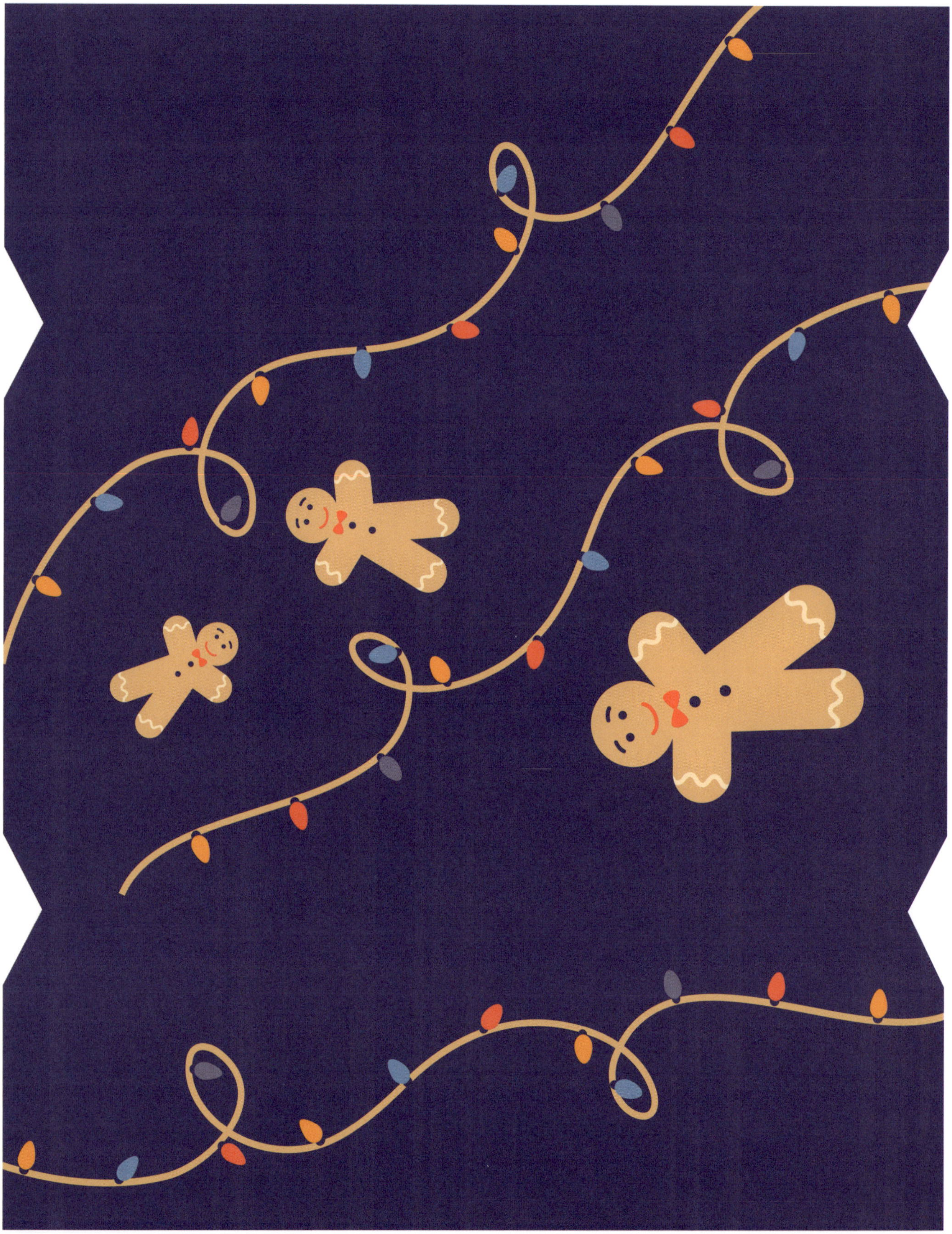

Weihnachtsgruß im Umschlag

Die Anleitung findest du auf S. 12.

Kleine Geschenkbox

Die Anleitung findest du auf S. 10.

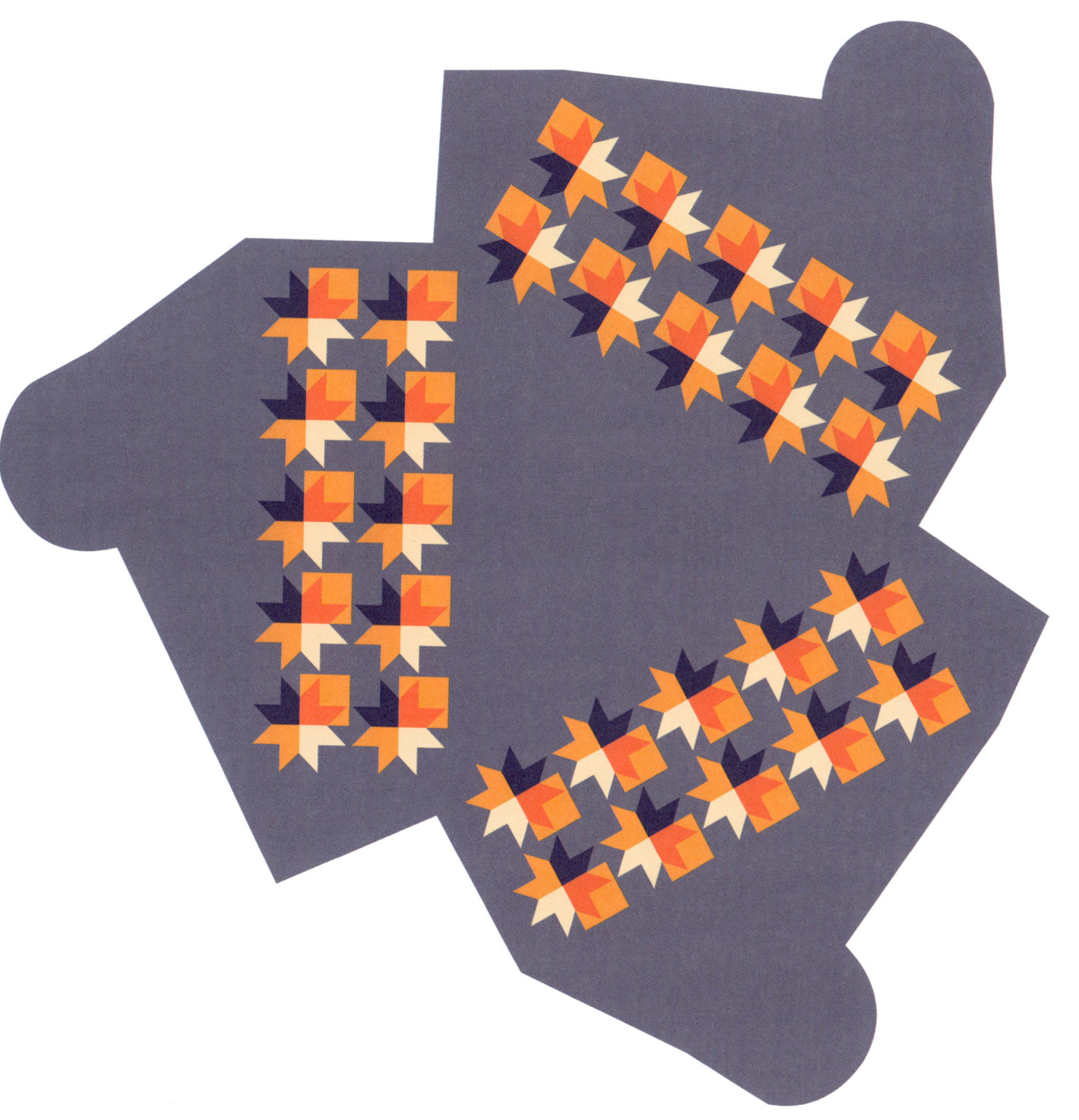

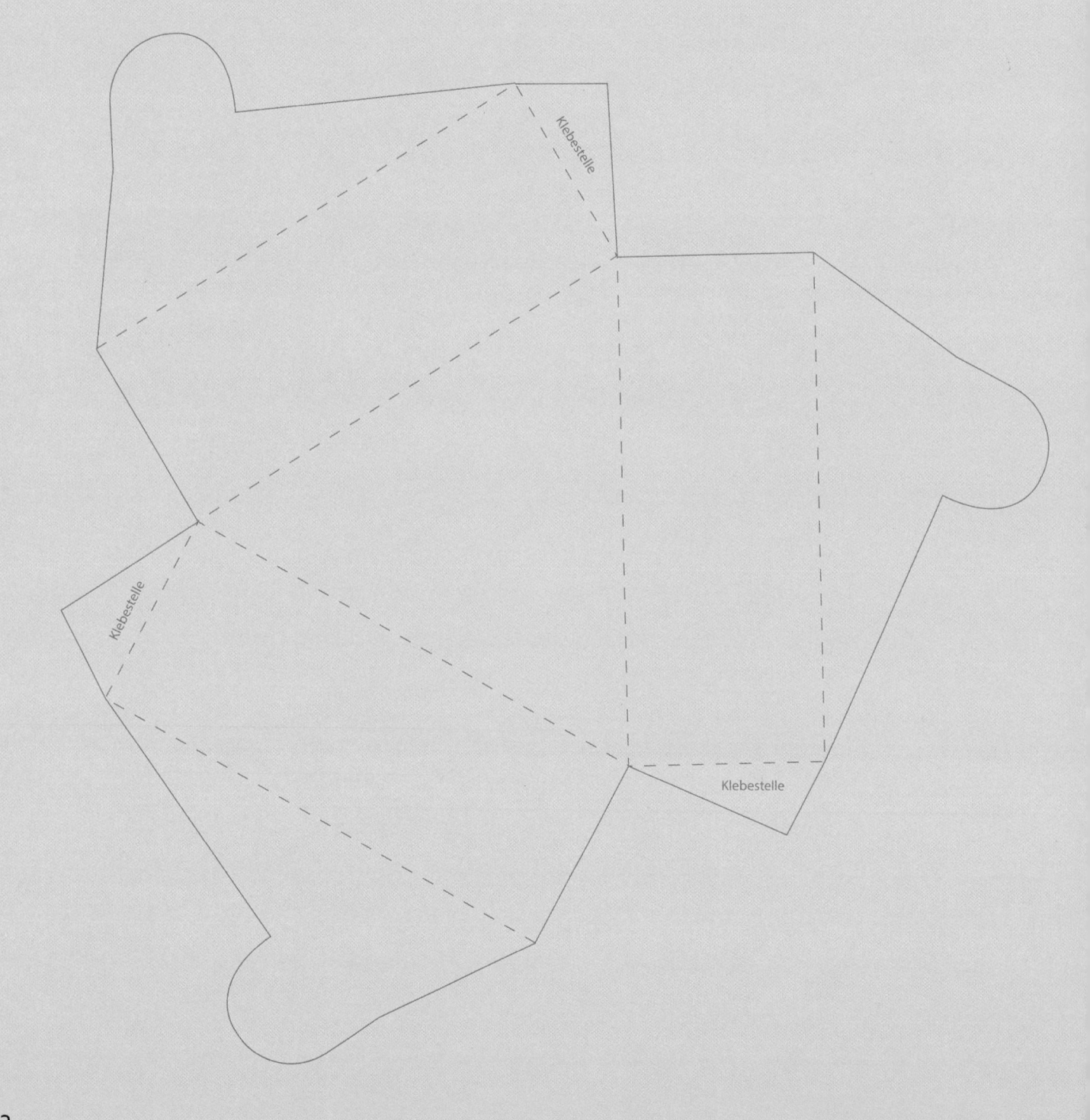

Klebestelle

Klebestelle

Klebestelle

Motivkarten zum Aufstellen
Die Anleitung findest du auf S. 12.

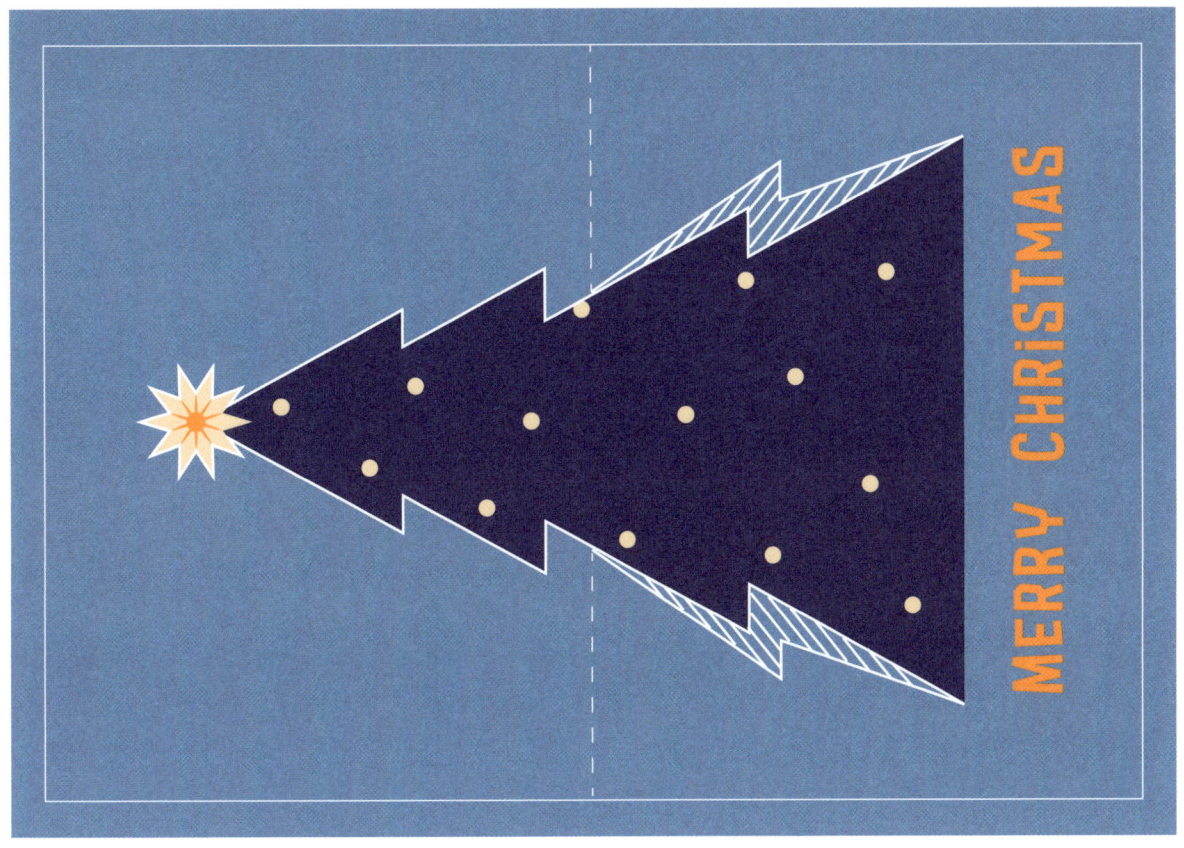

Großer 3-D-Stern

Die Anleitung findest du auf S. 6.

Klebestelle

Postkarten

MERRY CHRISTMAS

77

HAPPY
NEW YEAR

HAPPY HOLiDAYS

WEIHNACHTS-STICKER

NOEL

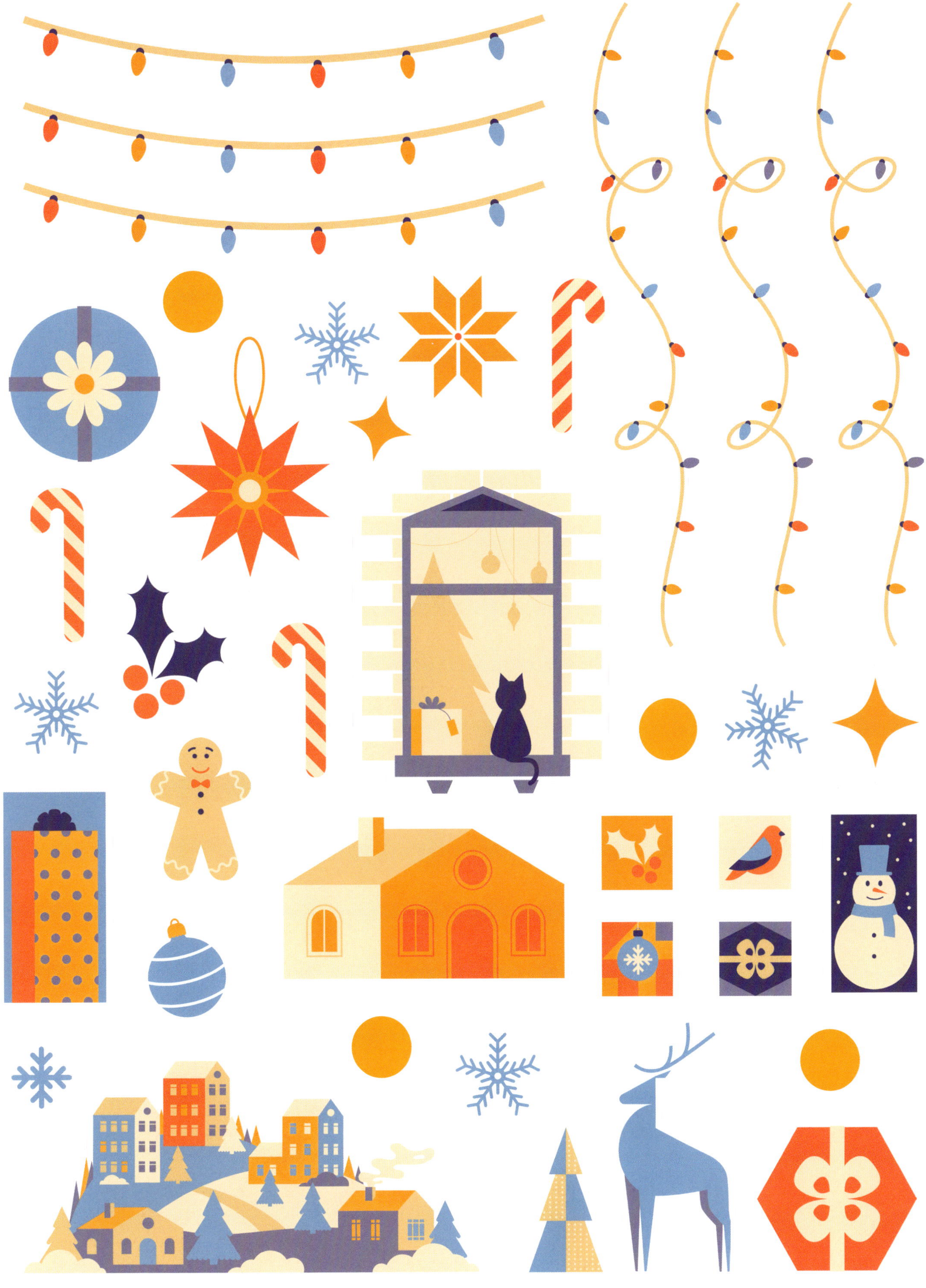

MERRY CHRISTMAS

NOEL

MERRY CHRISTMAS

NOEL